DÓNDE VIVEN LOS ANIMALES

Por qué algunos animales tejen telarañas

Valerie J. Weber

Consultora de lectura:

Susan Nations, M.Ed., *autora/tutora de lectoescritura/consultora de desarrollo de lectoescritura*

Consultora de ciencias y contenido curricular:

Debra Voege, M.A., *maestra de recursos curriculares de ciencias*

WEEKLY READ

PUBLISHING

Please visit our web site at www.garethstevens.com.
For a free color catalog describing our list of high-quality books, call 1-800-542-2595 (USA)
or 1-800-387-3178 (Canada). Our fax: 1-877-542-2596

Library of Congress Cataloging-in-Publication Data
Weber, Valerie.
    Why animals live in webs. Spanish]
    Por qué algunos animales tejen telarañas / Valerie J. Weber.
      p. cm. — (Dónde viven los animales)
    Includes bibliographical references and index.
    ISBN-10: 0-8368-8812-X ISBN-13: 978-0-8368-8812-6 (lib. bdg. : alk. paper)
    ISBN-10: 0-8368-8819-7 ISBN-13: 978-0-8368-8819-5 (softcover : alk. paper)
    1. Spiders—Juvenile literature. 2. Spider webs—Juvenile literature. I. Title.
  QL458.4.W4218   2008
  595.4'4—dc22   2007043774

This edition first published in 2008 by
Weekly Reader® Books
An Imprint of Gareth Stevens Publishing
1 Reader's Digest Road
Pleasantville, NY 10570-7000 USA

Copyright © 2008 by Gareth Stevens, Inc.

Senior Managing Editor: Lisa M. Guidone
Senior Editor: Barbara Bakowski
Creative Director: Lisa Donovan
Senior Designer: Keith Plechaty
Production Designer: Amy Ray, Studio Montage
Photo Researcher: Diane Laska-Swanke
Spanish Translators: Tatiana Acosta and Guillermo Gutiérrez

Photo Credits: Cover © Craig Tuttle/Corbis; pp. 1, 3, 4, 13 © Photodisc; p. 5 © James L. Stanfield/National
Geographic/Getty Images; pp. 6, 16, 17, 18 © Bill Beatty; p. 7 © Edward Parker/Alamy; p. 9 © Philippe Clement/
naturepl.com; pp. 10, 11, 14 © Stephen McDaniel; p. 12 © Mark Moffett/Minden Pictures; p. 15 © Adam Jones/
Visuals Unlimited; p. 19 © Jose B. Ruiz/naturepl.com; p. 20 © E. R. Degginger/Photo Researchers, Inc.; p. 21 ©
Charles V. Angelo/Photo Researchers, Inc.

Printed in the United States of America

1 2 3 4 5 6 7 8 9 10 09 08 07

Contenido

Las palabras del glosario se imprimen en letra **negrita** la primera vez que aparecen en el texto.

Capítulo 1

Arañas, arañas
por todas partes

¿Sabías que nunca estamos a más de 3 pies (1 metro) de distancia de una araña? Las arañas viven casi en cualquier lugar de la Tierra, desde el interior de las paredes de tu casa hasta las selvas de África.

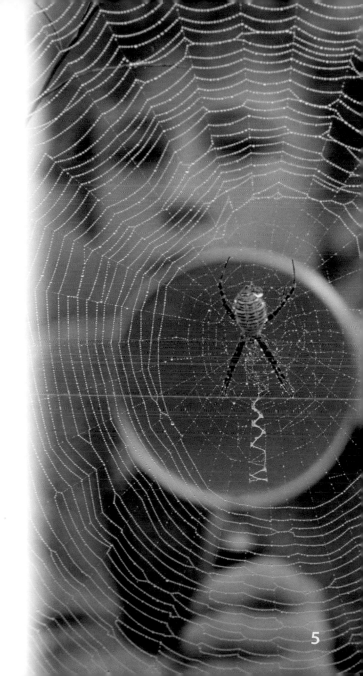

Allá donde hay arañas, hay también telarañas. Las telarañas están hechas de un material ligero pero muy fuerte llamado **seda**. La seda es, además, flexible o estirable. Las arañas producen la seda dentro de su cuerpo.

Distintas arañas hacen diferentes tipos de telaraña.

Las arañas tejen telarañas por varias razones. Aproximadamente la mitad de todos los tipos de araña las tejen para atrapar a sus **presas**, los animales de los que se alimentan. Muchas arañas envuelven sus huevos en **sacos** de seda para protegerlos. Otras arañas hacen sus nidos en el suelo y los recubren con telarañas.

Un insecto volador quedó atrapado en esta telaraña orbicular, o circular.

6

Es probable que hayas visto telarañas en la hierba o entre los arbustos fuera de tu casa o en un parque. En esos lugares es habitual encontrarlas. Quizá pienses que una araña tarda mucho tiempo en tejer una telaraña como ésta, pero lo cierto es que puede hacer una tela sencilla en una media hora.

Una telaraña se puede ver fácilmente cuando está cubierta de gotas de rocío.

Capítulo 2

Cómo se hace una telaraña

Las arañas no son insectos, son **arácnidos**. Una araña tiene el cuerpo dividido en dos secciones principales y ocho patas. Las arañas usan las patas traseras para sacar seda de unas partes del cuerpo llamadas **hileras**. Las hileras están en el extremo posterior de la araña. La mayoría de las arañas tienen dos o tres pares de hileras. Cada hilera tiene muchas aberturas, o **espitas**. Por cada espita sale seda de un grosor diferente. Las hileras unen los filamentos para formar hebras de seda.

A veces, una araña pega la seda a un objeto y se aleja arrastrándose. A medida que la araña avanza, la seda va saliendo de la parte posterior de su cuerpo. La seda sale en forma líquida y pronto se endurece. Cuando teje una telaraña, la araña puede hacer hebras cortas o largas. ¡Una hebra de su seda es más fuerte que un hilo de acero del mismo grosor!

Una araña teje su tela usando seda producida dentro de su cuerpo. Las hileras segregan la seda y forman hebras.

La araña une con una hebra de seda seca los tallos de dos plantas. Después, pega otra hebra en el centro de la primera hebra y tira de ella hacia abajo. De ese modo forma una Y. La araña añade más hebras hasta hacer un **armazón** completo.

Las uñas y pelos de las patas de una araña sujetan las hebras de seda.

Por último, la araña agrega círculos de hebras de seda al armazón. Los círculos están hechos con seda pegajosa, para atrapar presas. El armazón está hecho de seda muy fuerte, para sostener la telaraña.

La mayoría de las arañas que tejen telas orbiculares hacen una tela nueva cada día.

araña

Algunas arañas viven todo el tiempo en la telaraña. Igual que las personas, se mantienen cerca de sus crías y de su alimento. Otras arañas se esconden cerca de la telaraña. No quieren que pájaros, lagartos u otros animales pequeños las encuentren y las devoren.

Esta araña es un bocado delicioso para la mantis religiosa. La mantis religiosa es un insecto de gran tamaño.

Capítulo 3

Trampa para la cena

Algunas arañas no tienen buena vista. Por eso, tejen telarañas para cazar a sus presas. La mayoría de las telarañas atrapan insectos. ¡Otras son tan grandes que pueden atrapar pájaros pequeños o murciélagos!

Las arañas ponen sus telas en zonas frecuentadas por insectos. Suelen situarlas a la altura justa para cazar insectos voladores. Cuando un insecto cae en la telaraña, se queda atrapado en los pegajosos hilos.

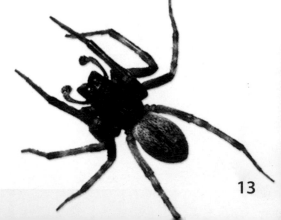

Cada insecto hace movimientos diferentes cuando cae en una telaraña. Las arañas saben qué tipo de insecto han atrapado por la manera de moverse de la telaraña. Si el insecto es una avispa o una abeja, las arañas saben que deben acercarse con cuidado.

Las hebras de seda son lo bastante fuertes para cazar a una abeja en vuelo sin romperse.

¿Por qué las arañas no se quedan atrapadas en sus propias telarañas? Porque saben dónde están las hebras pegajosas, y evitan moverse sobre ellas.

Además, las arañas tienen en los pies unas partes especiales, llamadas **glándulas**. Las glándulas producen un aceite que evita que sus patas queden pegadas en la tela.

Cuando camina sobre su telaraña, la araña pisa sobre las hebras que no son pegajosas.

Es probable que en tu casa se guarde la comida en la cocina o en una despensa. Las arañas guardan su comida en sus telarañas. Algunas veces, cuando atrapa a un insecto, la araña le saca los jugos del cuerpo en seguida.

Las arañas son útiles para los seres humanos porque se comen a muchos insectos.

¿Alguna vez te ha sobrado algo al final de una comida? Es probable que envuelvas lo que te sobró y lo guardes en el refrigerador.

A veces, una araña tiene demasiados insectos para comerse de una vez. En ese caso, envuelve a sus presas en seda para comérselas más tarde. ¡Las arañas no necesitan refrigeradores!

Algunas veces, la araña envuelve a su presa en una seda muy fuerte.

17

Capítulo 4

Otros usos de la seda

La seda de una araña tiene otros usos, además de para hacer telarañas y atrapar presas. Muchas arañas ponen sus huevos en unos sacos especiales de seda. Las arañas pueden colgar esos sacos en sus telarañas o esconderlos en el suelo. La mayoría de las hembras abandonan sus huevos. En la **eclosión**, las crías salen solas del huevo.

Esta araña cuelga su saco de huevos en una brizna de hierba.

La araña lobo es diferente. Lleva el saco de huevos sobre el cuerpo. Cuando las crías salen del saco, la madre las lleva en la espalda.

La araña lobo lleva a sus crías en la espalda.

Algunas arañas tejen un **embudo**, o tubo, de hebras de seda. El embudo conduce hacia el escondite de la araña. Cuando un insecto cae en una de las hebras, la araña siente el movimiento. Entonces, sube por el embudo y agarra a su presa.

Esta araña se abalanza sobre la presa en la entrada del embudo.

Las arañas no son los únicos animales que tejen telas. Las orugas tenderas crean grandes redes sobre las ramas de árboles frutales o del bosque. Sólo salen de las telas para alimentarse de las hojas. Las orugas hacen telas cada vez mayores a medida que van creciendo. Más adelante, se transforman en polillas.

Las orugas tenderas tejen grandes telas de seda sobre los árboles.

Glosario

arácnidos: pequeños animales terrestres, como las garrapatas, los ácaros, los escorpiones y las arañas, que tienen ocho patas y un cuerpo con dos partes principales

armazón: estructura que sostiene algo

eclosión: apertura del huevo

embudo: tubo con una abertura ancha en la parte superior y estrecha en la parte inferior

espitas: cosas que controlan el flujo de un líquido

glándulas: partes del cuerpo que producen ciertas sustancias y las liberan al resto del cuerpo

hileras: partes del cuerpo con una pequeña abertura a través de la cuál sale la seda líquida

presas: animales cazados y devorados por otros animales

sacos: bolsas

seda: hilo producido por las arañas y algunas orugas

Más información

Páginas web

Biblioteca de referencia Kidport
www.kidport.com/RefLib/Science/AnimalHomes/WebHome.htm
Encuentra más información sobre para qué sirven las telarañas.

National Geographic para niños
magma.nationalgeographic.com/ngexplorer/0310/quickflicks
Mira un video para aprender más cosas sobre las arañas, su seda y sus telarañas.

Nota de la editorial a los padres y educadores: Nuestros editores han revisado con cuidado las páginas web para asegurarse de que son apropiadas para niños. Sin embargo, muchas páginas web cambian con frecuencia, y no podemos garantizar que sus contenidos futuros sigan conservando nuestros elevados estándares de calidad y de interés educativo. Tengan en cuenta que los niños deben ser supervisados atentamente siempre que accedan a Internet.

Índice

Información sobre la autora

A Valerie Weber, que ha sido escritora y correctora durante más de veinticinco años, le gusta especialmente trabajar en libros para niños. Los temas de sus libros han sido siempre fascinantes: desde las extrañas maravillas del mar, o la vida de las niñas durante la Segunda Guerra Mundial, a la explicación de cómo se hace una película. Valerie desea expresar su gratitud a su familia, incluyendo a su esposo y sus hijas, y a sus amigos por su apoyo y por escuchar los datos curiosos que ha descubierto durante su trabajo. Por ejemplo, ¿sabían que las ranas usan los globos oculares para empujarse la comida hacia el estómago?